**Hallo!**

In der Geschichte findest du an einigen Stellen Profifragen zum Text.

Deine Antworten kannst du mit einem Lesezeichen überprüfen. Das kannst du hinten aus dem Buch herausnehmen.

Es ist dein Lösungsschlüssel!

Aus Verantwortung für die Umwelt hat sich der Fischer Kinder- und Jugendbuch Verlag zu einer nachhaltigen Buchproduktion verpflichtet. Der bewusste Umgang mit unseren Ressourcen, der Schutz unseres Klimas und der Natur gehören zu unseren obersten Unternehmenszielen.

Gemeinsam mit unseren Partnern und Lieferanten setzen wir uns für eine klimaneutrale Buchproduktion ein, die den Erwerb von Klimazertifikaten zur Kompensation des $CO_2$-Ausstoßes einschließt.

Weitere Informationen finden Sie unter: www.klimaneutralerverlag.de

Weitere Informationen zum Kinder- und Jugendbuchprogramm der S. Fischer Verlage finden Sie unter: www.fischerverlage.de

FSC
www.fsc.org
MIX
Papier aus verantwortungsvollen Quellen
FSC® C043106

2. Auflage 2022

Erschienen bei FISCHER Duden Kinderbuch



Fachberatung: Ulrike Holzwarth-Raether
Gestaltungskonzept: Farnschläder & Mahlstedt, Hamburg
Layout: Michelle Vollmer, Mainz
Umschlagkonzept: Frauke Schneider, Wittighausen
Umschlaglayout: Mischa Acker, Brühl

Druck und Bindung:
Grafisches Centrum Cuno GmbH & Co. KG, Calbe
Printed in Germany
ISBN 978-3-7373-3467-9

Leseprofi

# Ein Schultag im alten Rom

Heike Wiechmann

mit Bildern von Reto Klindt

FISCHER Duden Kinderbuch

# Inhalt

# 1. Die Zeitreise

Es sind Sommerferien.
Die Zwillinge Lukas und Lena
fahren mit ihren Eltern nach Rom.
Das ist die Hauptstadt von Italien.
Dort gibt es noch heute
uralte Brücken, Statuen und Paläste.
Mama und Papa finden das toll.

„Dieser Platz heißt Forum Romanum“, liest Mama aus dem Reiseführer vor: „Das Forum war der Marktplatz im alten Rom. Hier war der größte Markt der Stadt.“

„Wie spannend“, schwärmt Papa.

Lukas und Lena finden das gar nicht. Außerdem ist es viel zu heiß für eine Besichtigung der Stadt.

Unter einem Torbogen ist Schatten.
Die Zwillinge laufen hin.
Lena lehnt sich an den Torbogen.
„Ist das langweilig", stöhnt Lukas.
Dann stutzt er.
Hinter Lena sind Wörter
in den Stein geritzt.
„TEMPUS FUGIT", liest Lukas.
„Was heißt das?"
Lena zuckt mit den Schultern.
„Vielleicht ist das Latein.
Die Sprache der alten Römer."

Sie berührt mit ihren Fingern
die lateinischen Wörter
an der Wand.
Nanu?
Wieso kribbelt ihre Hand?
Und woher kommt auf einmal
das helle Licht?
Das Forum Romanum verschwimmt.
Alles um die Kinder herum dreht sich.
„Hilfe!“, rufen sie
und klammern sich aneinander.

Ruck-zuck ist alles wieder vorbei.
Die Ruinen sind verschwunden.
Die Tempel sehen aus wie neu.
Und auf dem Forum Romanum
ist plötzlich ein großer Markt.
Viele Menschen drängen sich
um die Stände.
Sie tragen Kleider
wie die Bürger im alten Rom.
Lukas zeigt auf seine Schwester.
„Wie siehst du denn aus?“, sagt er.
„Genau wie du!“, sagt Lena.

Lukas blickt an sich hinunter.
„Ich glaub es nicht“, ruft Lukas.
„Wir sind in der Zeit gereist.
Und zwar direkt ins alte Rom!“
Sogar Latein können sie jetzt lesen.
„‚TEMPUS FUGIT‘ bedeutet
‚Die Zeit vergeht‘“,
ruft Lena aufgeregt.

## Profifrage 1

Lena und Lukas sind plötzlich anders eingekleidet. Sie tragen …

- lange Hosen und Stiefel.
- eine Art Hemd und Sandalen.
- wallende Röcke und Schnürschuhe.

Neugierig laufen Lena und Lukas
über den Markt.
Hier gibt es wirklich alles zu kaufen:
Gewürze, Stoffe, Gemüse und Tiere.
Beide achten nicht auf den Weg
und rennen zwei Kinder um.
„Entschuldigung“, sagt Lukas.
Er hebt eine merkwürdige Tafel auf.
Die hat der Junge fallen gelassen.
„Danke“, sagt er und geht
mit dem Mädchen schnell weiter.

„Das sah aus wie
eine Schreibtafel“, sagt Lena.
Sie schaut den beiden nach.
„Ob die Kinder hier auch
in die Schule gehen?“,
überlegt sie.
„Keine Ahnung“, sagt Lukas.
„Komm, wir gehen hinterher.“

Lena und Lukas folgen den beiden quer über das Forum Romanum. „Ob die Schule hier im alten Rom genauso ist wie die zu Hause?“, flüstert Lukas seiner Schwester zu. Lena zuckt mit den Schultern: „Die haben bestimmt keine Füller oder Filzstifte.“

In dem Moment bleiben
die römischen Kinder stehen.
Schnell springen Lukas und Lena
hinter ein Fass.
Zu spät.
Die beiden Kinder kommen auf sie zu.
„Wieso lauft ihr uns hinterher?“,
fragt der Junge.
„Äh … wir wollen wissen,
ob die Kinder hier in Rom
auch zur Schule gehen“, stottert Lena.

„Ihr seid wohl nicht von hier?“, sagt der Junge und lacht. „Die meisten Kinder hier in Rom gehen zur Schule. Wir sind gerade auf dem Weg dahin.“

„Können wir mitkommen?“, fragen die Zwillinge gleichzeitig.

„Klar!“, sagt der Junge. „Unser Lehrer ist sehr freundlich. Da gibt es andere. Die schlagen ihre Schüler sogar.“

Lena und Lukas reißen erschrocken die Augen auf.

„Ich bin übrigens Rea“,
sagt das Mädchen.
„Und das ist mein Bruder Remus.“
Die beiden führen Lukas und Lena
zu einem Haus in einer engen Gasse.
„Das ist eure Schule?“, staunt Lukas.
Im Erdgeschoss gibt es nur drei Säulen.
Zwischen den Säulen sind Vorhänge.
Ein Mann in einer Tunika und
mit einem Tuch über der Schulter
steht vor der Schule.

**Profifrage 2**

Das typisch römische Kleidungsstück heißt …

- Tinika.
- Tunika.
- Tonika.

# 2. Eine Schule hinterm Vorhang

„Das ist unser Lehrer Titus“,
sagt Rea.
„Wir sind neu in Rom“, erklärt Lena.
„Dürfen wir uns die Schule ansehen?“
Titus nickt.
„Tretet ein“, sagt er.
Hinter dem Vorhang
gibt es nur einen Klassenraum.
Und der ist winzig.
Es gehen nur fünf Schüler
in diese Schule.

Bevor es losgeht, sammelt Titus
von seinen Schülern Geld ein.
„Bei uns ist die Schule umsonst“,
flüstert Lukas Rea und Remus zu.
Die beiden staunen.
„Hier kostet jede Schule etwas“, sagt Rea.
„Von dem Geld lebt der Lehrer.
Aber viele Menschen hier sind arm.
Deshalb lernen nicht alle Kinder
lesen, schreiben und rechnen.“

„Woher kommt ihr denn?“,
fragt Remus neugierig.
Lena sieht Lukas an.
Können sie den beiden sagen,
dass sie aus der Zukunft kommen?
Nein, lieber nicht.
„Wir kommen von weit her“,
redet sich Lena heraus.

Zum Glück klopft der Lehrer gerade mit einem Stock auf den Boden. Der Unterricht beginnt. Die Zwillinge setzen sich neben Rea und Remus auf zwei Hocker. Tische gibt es nicht.

Titus holt eine große Papierrolle.
Sie ist voller Buchstaben.
Er fragt:
„Wie heißen diese drei Buchstaben?“
Lukas meldet sich: „A, B, C.“
„A, B, C“, wiederholt die Klasse.
„Und die nächsten drei Buchstaben?“
„D, E, F“, buchstabiert Lena.
„D, E, F“, wiederholen die Schüler.
Bald sind sie am Ende angekommen.

„Das ist ja total leicht“,
flüstert Lukas.
Lena nickt.
„Ruhe bitte, ihr zwei“, ruft Titus.
Erschrocken blickt Lukas hoch.
Titus ist nett, aber streng.
Viel strenger als Frau Berg,
ihre Klassenlehrerin zu Hause.

### Profifrage 3

Warum fällt Lukas und Lena
die Aufgabe leicht?

- Sie sind besonders schlau.
- Sie sind sehr aufmerksam.
- Sie kennen die lateinischen
Buchstaben aus ihrem Abc.

„Jetzt schreibt die Buchstaben ab“,
sagt Titus.
Er gibt Lukas und Lena
zwei kleine Tafeln.
Und einen Griffel.
Das ist ein kurzer Stab.
Die Tafeln sind mit Wachs überzogen.
Mit dem Griffel ritzen sie
die Buchstaben in das Wachs.

Immer wieder rutscht Lena
der Griffel über die Tafel.
Ihre Buchstaben sehen aus
wie krakelige Krähenfüße.
„Ist das schwer", stöhnt sie leise.
Das finden Rea und Remus gar nicht.
„Fertig", ruft Remus als Erster.
„Sehr gut, Remus", lobt Titus.

Dann beginnt die Rechenstunde.
„Eins und eins ist zwei“, sagt Titus.
Die Schüler wiederholen es im Chor.
„Zwei und eins ist drei,
drei und eins ist vier,
vier und eins ist fünf“,
geht es weiter. Lena gähnt.
Mathe bei Frau Berg
macht viel mehr Spaß.

„Zehn und eins sind elf,
elf und eins sind zwölf …“,
murmelt sie.
Dann stutzt sie und sieht hoch.
In der Klasse ist es ganz still.
Die römischen Kinder starren sie an.
„Donnerwetter“, lobt Titus.
„Du kannst ja schon gut rechnen.“
Lena wird knallrot.

### Profifrage 4

Was bedeutet hier das Wort „stutzen“?

- plötzlich erschrecken
- plötzlich nicht mehr weiterwissen
- plötzlich aufmerken und innehalten

„Mittagspause“, ruft Titus irgendwann.
Alle Schüler packen ihre Sachen.
Lena und Lukas zögern.
Wo bekommen sie etwas zu essen?
Römisches Geld haben sie nicht.
„Geht ihr nicht nach Haus?“,
fragt Remus die Zwillinge.
„Äh ... zu uns nach Hause
ist es zu weit“, flunkert Lena.
„Kommt mit uns“, schlägt Rea vor.

Die Zwillinge folgen ihren Freunden durch die engen Gassen.
„Hier wohnen wir“, sagt Remus.
Lukas legt den Kopf zurück und zählt.
Das Haus hat fünf Stockwerke.
„Gehört das euch?“, fragt er.
Rea schüttelt den Kopf.
„Nein. Wir wohnen im ersten Stock.“

Reas und Remus' Mutter
öffnet die Tür.
Remus sagt:
„Wir haben unsere neuen Freunde
zum Essen eingeladen."
„Wie schön!
Salve, seid gegrüßt.
Ich bin Livia", sagt sie.
Alle gehen ins Speisezimmer.
Auf dem Tisch stehen Brot, Eier, Oliven
und ein Krug mit frischem Wasser.

Lenas Magen knurrt.
„Guten Appetit“, sagt Livia und lacht.
Lena und Lukas essen,
bis sie pappsatt sind.
Nach dem Mittagessen
gibt Livia jedem Kind ein Tuch.
Darin ist eine Scheibe Brot
und ein Apfel für zwischendurch.
Die Zwillinge bedanken sich.
Dann laufen sie mit Rea und Remus
zur Schule zurück.

# 3. Was stimmt hier nicht?

Vor der Schule treffen
die Freunde die anderen Schüler.
Sie spielen ein Spiel mit Nüssen.
Lena und Rea gehen schon
in den Klassenraum.
„Was ist hier passiert?“, ruft Lena.
Alle Hocker sind umgekippt.
Titus ist nirgends zu sehen.
Rea zeigt auf einen Vorhang.
„Da wohnt Titus.
Vielleicht schläft er“, meint sie.

Plötzlich rumst es
und der Vorhang wird zurückgeschlagen.
Ein finster aussehender Mann
steht vor ihnen.
„Was wollt ihr hier?“, schimpft er.
„Wo ist unser Lehrer?“, fragt Rea.
Er schaut die Mädchen böse an.
„Euer Lehrer?“, knurrt der Mann.
„Mädchen haben in einer Schule
überhaupt nichts zu suchen.“
Rea ärgert sich und ruft:
„In dieser Schule schon!
„Titus unterrichtet auch Mädchen.“

Jetzt kommen auch die Jungen herein.
Neugierig umringen sie den Mann.
„Titus ist weggegangen“, brummt der.
„Ich bin ein Freund von ihm.
Ich soll euch sagen, dass ihr
nach Hause gehen könnt.“
Dann scheucht er die Schüler hinaus.

„Nie und nimmer ist der ein Freund von Titus“, überlegt Remus. „Sonst hätte er gewusst, dass in Titus’ Schule auch Mädchen sind.“ Lena verzieht das Gesicht. Sie findet es total ungerecht, dass hier nicht alle Mädchen zur Schule gehen dürfen.

### Profifrage 5

Warum verzieht Lena ihr Gesicht?

- Sie ist unzufrieden.
- Ihr tut was weh.
- Sie hat auf eine Zitrone gebissen.

Auf einmal bleibt Lena stehen.
„Wie dumm“, ruft sie.
„Ich habe mein Essen vergessen.“
Sie geht zurück zur Schule und späht durch einen Spalt im Vorhang.
Dem unfreundlichen Mann möchte sie nicht noch einmal begegnen.
Er ist noch da,
aber er dreht Lena den Rücken zu.
Gerade stopft er
alles Mögliche in einen Sack …

„Das ist ein Dieb!“,
denkt Lena erschrocken.
Plötzlich dreht sich der Mann um.
Er ruft:
„Was machst du schon wieder hier?“
Dann grinst er fies.
„Willst du euren Lehrer bestehlen?“
„Ich?“, Lena tippt sich an die Stirn.
„Der Dieb bist du!“, ruft sie.
„Still, du Göre“, knurrt der Mann
und kommt drohend auf Lena zu.
„Hilfe!“, schreit Lena, so laut sie kann.
„In der Schule ist ein Einbrecher.“

Lukas, Rea und Remus stürzen herein.
Der Mann wirft sich den Sack
auf den Rücken
und flieht Richtung Ausgang.
Lukas streckt den rechten Fuß vor
und stellt dem Einbrecher ein Bein.
Der Mann stolpert gegen den Vorhang
und lässt den Sack fallen.

Schnell wickeln die Kinder den Dieb fest in den Vorhang.
„Lasst mich raus!“, flucht der Dieb.
„Wir müssen Hilfe holen“, ruft Lukas.
Rea und Remus rennen auf die Straße.
Kurz darauf kommen sie mit einem großen Mann zurück.
Hinter ihm steht eine Truppe Legionäre.

### Profifrage 6

Was sind Legionäre?

- Soldaten im alten Rom
- Legenden aus dem alten Rom
- Millionäre im alten Rom

„Wo ist der Räuber?“,
ruft der Anführer.
Lukas zeigt auf den Vorhang.
Darin flucht und strampelt es.
„Das ist ja Julius“, ruft er.
„Den suchen wir schon lange.
Er ist ein übler Verbrecher.
Sogar in die Villa
des Kaisers ist er eingebrochen.“
„Und wir haben ihn gefangen“,
sagt Rea stolz.

Remus öffnet den Sack und sagt:
„Und hier ist die Beute.
Das gehört alles unserem Lehrer.“
Die Legionäre danken den Kindern
für ihr mutiges Handeln.
Dann fesseln sie Julius
und nehmen ihn mit.

# 4. Ab in die Therme

„Wo bleibt Titus nur?“, fragt Rea.
Sie schlägt die Hand vor den Mund.
„Hoffentlich ist ihm nichts passiert“,
sagt sie erschrocken.
Da rumpelt es auf einmal
in der Truhe neben Titus’ Bett.

Lukas hebt den Deckel an.
In der Truhe liegt Titus.
Der Dieb hat ihn gefesselt.
Sein Mund ist
mit einem Tuch verbunden.
Die Freunde helfen ihm
aus den Fesseln und aus der Truhe.
Titus setzt sich erleichtert auf.
„Der Kerl hat mich
beim Mittagsschlaf überfallen.
Was für ein Glück,
dass ihr gekommen seid“, sagt er.

Titus hat eine Beule am Kopf.
Er stöhnt: „Ich habe Kopfweh.
Für den Rest des Tages habt ihr frei."
„Hurra!", jubeln Rea und Remus.
Endlich mal schulfrei!
Jeden Tag in der Woche
müssen sie zur Schule.
Ferien gibt es nur einmal im Jahr.
„Das ist zum Glück bei uns
anders", flüstert Lena Lukas zu.

**Profifrage 7**

An wie vielen Tagen gehen die Kinder im alten Rom zur Schule?

- an sechs Tagen
- an fünf Tagen
- an sieben Tagen

„Lasst uns schwimmen gehen“, schlägt Remus vor. „In der Therme.“
„Tolle Idee“, ruft Lukas.

Die Therme ist riesig wie ein Palast.
Die Eingangshalle ist geschmückt
mit Säulen, Statuen
und bunten Fußböden.
Und Kinder dürfen umsonst hinein!

Ein Mann kommt auf sie zu.
„Das ist Markus, unser Onkel“,
sagt Remus. „Er ist Bademeister.“
Markus bringt den Kindern Handtücher,
Badekleidung und Holzsandalen.
Lukas und Lena staunen.
So viele Menschen sind in der Therme.
„Hier kann man nicht nur baden“,
erklärt Remus. „Man erfährt auch
die neuesten Nachrichten.“

Rea zeigt auf einen kleinen Mann.
Er liegt in einer Badewanne.
Viele Diener stehen um ihn herum.
„Der Kaiser“, flüstert sie.
„Selbst er badet oft hier.“
Lena springt ins Schwimmbecken.
„Brr! Das ist ja eiskalt“, ruft sie.
Rea und Remus lachen.
„Es gibt drei Becken“, erklärt Rea.
„Ein kaltes, ein warmes
und ein heißes.“

Nach dem Baden gehen die Freunde in den Garten.
Dort steht eine Sonnenuhr.
„Oh nein, wir müssen los“, sagt Rea.
„Wollt ihr mit uns zu Abend essen?“, fragt Remus. „Es gibt Blutwurst.“
„Ich will lieber Pizza“, flüstert Lena ihrem Bruder zu.
Lukas nickt. „Ich auch“, wispert er.
„Wir möchten lieber nach Hause“, sagt er zu Rea und Remus.

„Wo seid ihr zu Hause?“, fragt Remus.
Die Zwillinge sehen sich an.
Rea und Remus sind ihre Freunde.
Und Freunde belügt man nicht.
„Wir kommen aus der Zukunft“,
sagt Lena deshalb.
Rea und Remus lachen.
Sie glauben ihr nicht.

Die Zwillinge führen ihre Freunde zu dem Torbogen auf dem Forum Romanum. Lukas zeigt auf die Schrift.

„Wir haben die Buchstaben berührt. So sind wir durch die Zeit gereist“, erklärt er.

„Echt?“, sagt Remus.

„Und wenn ihr sie wieder berührt, kommt ihr nach Haus zurück?“

„Hoffentlich“, sagt Lena.

**Profifrage 8**

Findest du die Stelle im Buch, an der die Zeitreise der Geschwister losging?

- auf Seite 17
- auf Seite 11
- auf Seite 13

Lena nimmt ihre Einhorn-Kette
und bindet sie Rea um den Hals.
Lena sagt:
„Für dich. Aus dem Jahr 2021.“
„Daher kommt ihr?“, staunt Rea.
„Toll!“, ruft Remus.
„Wir besuchen euch in eurer Zeit!“
„Abgemacht“, rufen die Zwillinge.
Die Freunde umarmen sich.

Lena und Lukas streichen
mit den Fingern über die Buchstaben.
Die Welt um sie herum verschwimmt
und dreht sich rasend schnell.
Kurz darauf ist alles wieder vorbei.
„Wir sind wieder da“, ruft Lukas.
Ihre alte Kleidung auch.
Und Lukas’ Armbanduhr.
Er wundert sich.
Es ist nur eine Minute vergangen,
während sie im alten Rom waren.

Da kommen auch schon
Mama und Papa angelaufen.
„Da seid ihr ja“, ruft Papa.
Er entdeckt die Schrift in der Wand.
„TEMPUS FUGIT“, liest er.
„Es heißt ‚Die Zeit vergeht‘“,
sagt Lukas.
Papa ist überrascht.
Woher weiß Lukas das?

Mama wuschelt durch Lenas Haare.
„Die sind ja ganz nass“,
wundert sie sich.
„Wir waren in der Therme“, sagt Lukas.
Papa grinst. „Ihr schwindelt doch.
Dort kann man nicht mehr baden.“
Mama sagt:
„Ihr habt bestimmt nur geschwitzt.
Möchtet ihr ein Eis?“
„Jaaa!“, rufen die Zwillinge.
„Und vorher eine Pizza!
Und hinterher besichtigen wir
die Therme“, schlägt Lena vor.

Mama und Papa freuen sich.
„Ihr findet das Leben der alten Römer doch nicht so langweilig“, sagt Mama.
„Gar nicht“, sagt Lukas.
„Wusstet ihr, dass es damals noch keine Pizza gab?“
„Und dass der Schultag oft zehn Stunden dauerte?“, fügt Lena hinzu.

„Woher wisst ihr das alles?“,
fragt Papa.
Lukas zwinkert Lena zu.
Lena nickt.
„Aus der Schule“, sagen sie im Chor.
Aus der Schule im alten Rom.
Aber das verraten sie nicht.
Denn ihre Reise durch die Zeit
bleibt ein Geheimnis zwischen ihnen
und ihren Freunden Rea und Remus.

# Für Vollprofis

Jetzt ist die Geschichte zu Ende.
Hier geht's mit Aufgaben für Vollprofis weiter!
Die Lösungen findest du auf der Rückseite.

1. Findest du die römischen Namen aus der Geschichte? Was fällt dir bei den Namen auf?

| | | | | | | | |
|---|---|---|---|---|---|---|---|
| A | D | N | O | J | A | G | L |
| J | R | E | M | U | S | I | R |
| P | E | T | F | L | O | F | M |
| U | A | F | L | I | V | I | A |
| I | V | O | G | U | I | M | R |
| T | I | T | U | S | P | O | K |
| G | E | T | K | L | F | V | U |
| F | P | V | E | M | G | T | S |

2. Was fehlt in diesem Satz? Wie heißt er?

TMPS FGT!

3. Kannst du diese Wörter übersetzen? Verbinde

| Latein | Deutsch |
|---|---|
| fenestra | Tafel |
| festum | Bart |
| barba | Fenster |
| tabula | Kappe |
| cappa | Fest |
| schola | Schule |

**Herzlichen Glückwunsch!**

Geschafft. Jetzt bist du ein echter Leseprofi! Noch mehr spannende Bücher findest du unter www.duden-leseprofi.de

**Lösungen**

1. Rea; Remus; Titus; Livia; Julius; Markus
Männliche Namen enden auf „us“, weibliche auf „a“.
2. Es fehlen die Vokale.
TEMPUS FUGIT!
3. fenestra – Fenster; festum – Fest; barba – Bart; tabula – Tafel; cappa – Kappe; schola – Schule

# Leseprofi von Duden – von Anfang an richtig

## 1. Klasse

**Jeweils 48 Seiten, gebunden.**

Zwei Fußballgeschichten in einem Band. 96 Seiten

- Schuldetektive auf heißer Spur
  ISBN 978-3-7373-3443-3
- Die verrückte Reise ins All
  ISBN 978-3-7373-3413-6
- Eine Mumie geht zur Schule
  ISBN 978-3-7373-3447-1
- Total verrückte Fußballgeschichten
  ISBN 978-3-7373-3440-2

## 2. Klasse

**Jeweils 64 Seiten, gebunden.**

- Ein Tag auf dem Pferdehof
  ISBN 978-3-7373-3441-9
- Eine Gruselnacht im Zelt
  ISBN 978-3-7373-3442-6
- Die Baumretter
  ISBN 978-3-7373-3457-0
- Ein total verrücktes Schulfest
  ISBN 978-3-7373-3460-0

Alle Duden Leseprofis finden Sie unter
**www.fischerverlage.de**

Das Lesezeichen ist dein Lösungsschlüssel für die Profifragen!

Für jede Antwort findest du ein Puzzleteil.

Wenn es zum Puzzle auf dem Lesezeichen passt, ist die Antwort richtig!